규방공예에서 배운다!
한국의 전통과 현대미

모던 규방
Modern Kyubang-Craft

학마을B&M

규방공예에서 배운다! 한국의 전통과 현대미

모던규방 Modern Kyubang-Craft

2019년 10월 23일 초판 발행

지은이 ㅣ 규방 아낙들
펴낸이 ㅣ 김재련
펴낸곳 ㅣ 학마을B&M(등록번호 제1-2106호)
　　　　주소 ㅣ 서울시 마포구 동교로25길 14 오비브B/D 401
　　　　전화 ㅣ 010-4720-0996, 02-324-2993~4　　팩스 ㅣ (02)324-2904
　　　　E-mail ㅣ kookjeon@hanmail.net

장소협찬 ㅣ 들꽃향, 16번길 한옥카페　　진행 ㅣ 생활의정성을만나다협동조합　　촬영 ㅣ 아이뷰 스튜디오

ISBN 978-89-87576-05-3(13650)
가격 15,000원

CIP제어번호 : CIP2019040054
이 도서의 국립중앙도서관 출판예정도서목록(CIP)은 서지정보유통지원시스템 홈페이지(http://seoji.nl.go.kr)
와 국가자료종합목록 구축시스템(http://kolis-net.nl.go.kr)에서 이용하실 수 있습니다.

ⓒ 규방 아낙들, 2019, printed in KOREA

이 작품집의 판권은 규방 아낙들과 도서출판 학마을B&M에 있습니다. 저작권법에 따라 보호받는 저작물이므로 무단 전재 및 복제를 금지하며, 본문에 수록된 내용의 전부 및 일부를 이용하려면 반드시 저작권자와 학마을B&M의 동의를 받아야만 합니다.

* 파본은 본사 또는 구입하신 서점에서 교환하여 드립니다.

Recommendation
추천사

**"보자기 속에는 삶을 진솔하게 만나는
소박함과 여유가 자리한다"**

한땀한조각보자기회장 **진 두 숙**

색깔과 모양이 다른 형태의 조각들이 모여 보자기가 만들어진다.
보자기는 예로부터 우리의 일상생활 속에서 물건을 싸서 보관하거나 운반하는 가장 실용적인 생활용품이자 예절(禮節)과 격식(格式)을 갖추는 의례용품으로 사용되어 왔다.
이외에도 가리기·덮기·받치기·장식하기 등 보자기의 쓰임새는 아주 다양하다.

넓은 의미에서 한복(韓服)도 우리의 몸을 감싸주는 보자기의 형태이다.
'쌈'이라는 음식 또한 음식을 감싸는 보자기 문화의 단편(斷片)이라고 볼 수 있다.
'싼다는 것'은 개별적으로 나뉘어 있는 것들을 하나로 모으는 일이며, 모든 것을 하나로 이어준다는 폭넓은 의미를 모두 수용하고 있다.

보자기를 사랑하는 아낙들이 오로지 보자기 하나만으로 다양한 삶을 표현하고자 한자리에 모였다.
보자기를 통한 각자의 타고난 예술적 천성과 끝없는 노력으로 보자기 속에 올곧은 정신을 담아 만든 작품들을 널리 대중에게 알릴 수 있는 장을 펼쳤다.

그 속에는 삶을 진솔하게 만나는 소박함과 여유가 자리하고 있다.
또한 자연스레 입가에 미소가 흐르게 하는 해학(諧謔)에서 예술의 극치를 맛보게 하는 미학(美學)에 이르기까지 보자기 문화의 정수(精髓)가 作家 개개인의 섬섬옥수를 거쳐 한 땀 한 땀 정성스럽게 녹아 있다.
이들의 작품을 대하다 보면 전통문화를 계승하며 새로운 보자기 문화를 창조해 가는 진정한 장인들을 대하는 경건함에 고개가 절로 숙여진다.
변영숙 선생님을 비롯한 제자 작가 분들께 깊은 찬사를 보낸다.

이번 작품집을 통해 보다 많은 보자기 작가 탄생의 지침서로서 이 책[作品集]이 활용될 수 있길 진심으로 바라며, 보자기 예술에 관심 가득한 모든 분들에게도 보자기의 참 멋을 알릴 수 있는 친밀한 작품집으로 자리 잡길 기대해본다.

Preface
발간사

"전통과 현대가 어우러진 꿈과 희망의 나눔 바느질"

규방아낙 **변 영 숙**

'아낙들'은 전통 공예를 하는 소모임입니다.
유물 재현은 물론이고, 전통 바느질을 바탕으로 현대에 어우러지게 규방 공예를 합니다.

규방 아낙들은 지난 2013년 1월부터 각자의 겸손한 바느질 기술(?)을 통해 뜻하지 않게 구치소 생활을 하고 있는 재소자분들에게 아름다운 한국 전통의 멋을 알려드리기 위해 인천구치소에서 바느질 재능 봉사를 시작하였습니다. 그리고 4개월여 만인 그 해 5월 인천구치소 내 '채움 갤러리'에서 재소자들의 작품으로 소박한 전시회를 열게 되었습니다. 행사 관계자가 '꿈과 희망을 뜨는 규방 아낙들'이란 이름으로 우리를 소개해주었습니다.
그때부터 우리는 전통과 현대가 어우러진 바느질, '규방 아낙들'이 되어 좀 더 다양한 층의 많은 사람들에게 꿈과 희망을 나누는 바느질을 하자고 다짐했습니다.

2015년 '탄생'이란 주제로 첫 전시회를 시작한 이후 올해로 세 번째를 맞이합니다.
모임 회원들은 가사와 직장 생활을 겸하면서도 항시 손에서는 한국 전통 살리기의 일환인 바느질을 멈추지 않았습니다. 이것은 자신들이 배우고 익힌 참된 전통 바느질의 의미를 알기에 좀 더 많은 사람들과 공유하고 싶다는 멋진 욕심(?)을 부리고 있기 때문입니다.

이번 전시회를 통해 발간되는 본 작품집에서는 전통 바느질 기법인 쌈솔, 감침질, 상침, 홈질누비 등을 활용해서 일상생활에 많이 쓰이는 보자기 작품들로 구성해 보았습니다. 전통 바느질은 언제까지나 옛 것에만 머물러 있지 않습니다.

'규방아낙들' 작가 개개인은 전통을 근간(根幹)으로 새롭게 현대적인 보자기 예술로 한 발자국 더 개척해 나가고픈 마음으로 가득합니다. 보자기가 온전히 우리 삶에 얼마나 고스란히 담겨 있고 활용도가 높은지를 여실히 보여드리고 싶습니다.

오랜 시간 한 땀 한 땀의 정성어린 땀 흘림으로 수백 점의 작품이 탄생하였지만, 수정에 수정을 가해 엄선한 작품만으로 조심스럽게 작품집 발간의 첫걸음을 내딛어봅니다.
그동안 가족만큼이나 애틋하게 정성을 기울여 완성된 작품들이 세상에 빛을 발할 수 있도록 격려해주신 주변의 많은 분들과 미진한 작품을 예쁘게 다듬어 훌륭한 작품집으로 탄생하게 적극적 도움을 주신 도서출판 학마을B&M에도 깊이 감사를 드립니다.
아울러 이 작품집이 규방 공예를 사랑하시는 모든 분들에게 시금석으로 자리 잡을 수 있기를 바랍니다.

KO, YUN-MI 8

KIM, MI-HYE 10

KIM, SHIN-AE 12

BYUN, YOUNG-SUK 14

LEE, SUN-HEE 16

LEE, YOUNG-SOOK 18

LEE, HYE-RYEON 20

JUNG, MI-HEE 22

HWANG, HYUN-SOOK 24

MOON, KYOUNG-JA 26

PART 1

덮다

KO, YUN-MI

고윤미

1. 이음과 맺음 Connection & Knot
2. 명주, 명주실
3. 감침질, 4사짜기, 세땀상침
4. 80×80cm

옛보자기의 기러기 매듭을 명주실 짜기 기법으로 맺고
명주 조각을 연결하여 구성한 보자기

KIM, MI-HYE

김미혜

1. 돌담 A stone wall
2. 면사, 광목
3. 감침질
4. 56×130cm

색색의 면사로 감침질하여
소박한 천연 조각 광목이
돌담을 이룸을 표현함

KIM, SHIN-AE

김신애

1. 꽃이 피는 첫걸음 A blooming first step
2. 춘포, 모시, 명주실
3. 감침질
4. 120 × 151cm

꽃이 활짝 핀 꽃밭에서 첫 발걸음을 내딛는 순간의 느낌을 표현한 것으로 따내기 기법으로 표현한 잎사귀와 꽃잎을 교차해 입체감을 살린 작품

BYUN, YOUNG-SUK

변영숙

1. 삼족오 Three-legged crow
2. 삼베, 옥사
3. 공그르기, 감침질
4. 60×200cm

* 매듭찬조 김은수

옥사에 천연염색(강물, 말린 쑥)하여 두께감을 주어
삼베와 조각 연결하여 고구려 고분벽화의 삼족오를 표현

LEE, SUN-HEE

이선희

1. 무지개보 A rainbow wrapping cloth
2. 옥사 , 명주실
3. 감침질, 박음질, 세땀상침
4. 90×90cm

쑥, 울금, 밤껍질로 천연 염색한 옥사를 다른 색과 배열로 응용한 무지개보

LEE, YOUNG-SOOK

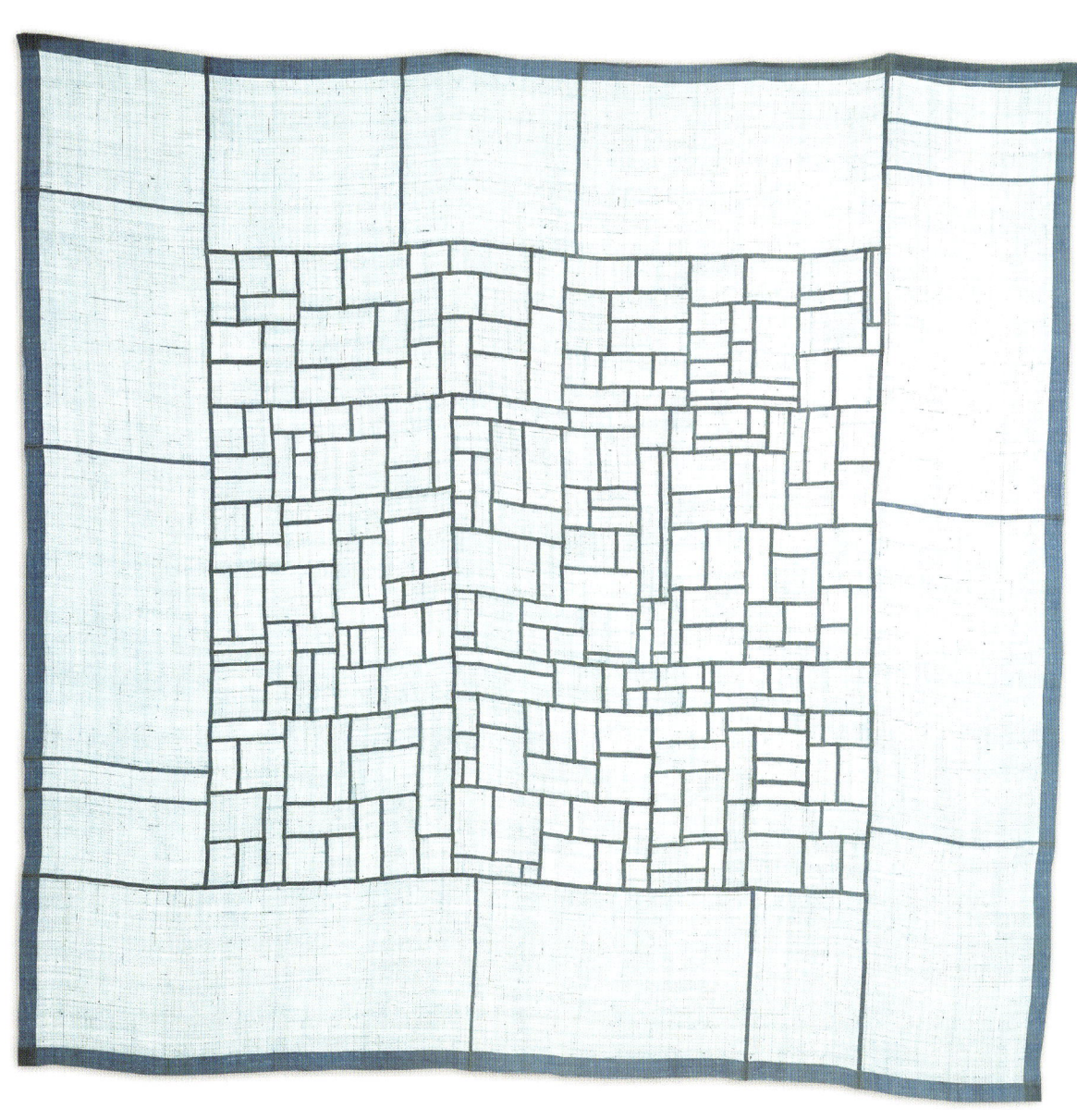

이영숙

1. 희망 Hope
2. 모시, 명주실
3. 쌈솔기법
4. 150×140cm

쪽빛 모시의 푸르름을 강조하여
희망을 표현함

LEE, HYE-RYEON

이혜련

1. 열정 The passion
2. 갑사, 명주실
3. 감침질, 공그르기
4. 55×55cm

서로 같은 색의 천이 이웃하지 않도록 사각천의 사선을
감침질 기법으로 이어붙여 만든 사선보

JUNG, MI-HEE

정미희

1. 가을 달빛 An autumn moonlight
2. 옥사
3. 감침질
4. 95×95cm

어두운 가을밤 문 틈 사이로
비치는 가을 달빛을 표현함

HWANG, HYUN-SOOK

황현숙

1. 옛날이야기 An old story
2. 모본단. 명주실
3. 감침질. 세땀 상침
4. 100×100cm
5. 쑥 염색, 양파 염색

어린시절 어머니의 한복을 활용한 듯 천연염으로 옛스러움을 표현함

MOON, KYOUNG-JA

문경자

1. 누비 저고리 Quilted jacket
   (Korean traditional jacket)
2. 명주, 명주실, 목화솜
3. 홈질, 감침질, 박음질
4. 145×38cm

한겨울 방한용으로 명주에
목화솜을 두고 누벼 저고리를 지음

KO, YUN-MI	30
KIM, SHIN-AE	31
KIM, MI-HYE	32
BYUN, YOUNG-SUK	34
LEE, YOUNG-SOOK	39
JUNG, MI-HEE	40
MOON, KYOUNG-JA	43
HWANG, HYUN-SOOK	44
LEE, HYE-RYEON	46

PART 2

가
리
다

고윤미
KO, YUN-MI

1. 엄마 Mom
2. 모시, 면사
3. 감침질, 홈질
4. 80 × 70cm

* 매듭찬조 김은수

김신애
KIM, SHIN-AE

1. 속삭이는 바람 Whispering wind
2. 모시(쑥, 밤껍질 천연염색), 명주실
3. 감침질
4. 150×210cm

KIM, MI-HYE

1. 꽃들의 향연 A feast of flowers
2. 광목, 면사
3. 감침질 꽃수
4. 40×80cm

김미혜

1. 꿈길 Dreaming
2. 광목, 면사
3. 감침질 홈질수
4. 80×140cm

BYUN, YOUNG-SUK

1. 집 Home
2. 모시, 안동삼베, 견사
3. 쌈솔, 감침질
4. 90 × 200cm

변영숙

1. 도깨비 Goblins
2. 삼베, 옥사
3. 공그르기, 감침질
4. 106×200cm

* 매듭찬조 김은수

BYUN, YOUNG-SUK

1. 삼각보 Triangular cloth
2. 옥사, 모란문사, 견사
3. 공그르기, 감침질
4. 97×150cm

변영숙

변영숙

1. 수, 복, 자수 발 Longevity & Luck
2. 옥사, 갑사
3. 감침질, 박음질
4. 200×200cm

이영숙
LEE, YOUNG-SOOK

1. 고랑보 Golangbo
2. 옥사, 명주실
3. 감침질
4. 45×130cm, 50×50cm

JUNG, MI-HEE

1. 봄 향기 A spring scent
2. 옥사
3. 약식깨끼, 세땀상침
4. 100×100cm

정미희

1. 여름 Summer
2. 쪽염모시
3. 쌈솔, 감침, 사뜨기
4. 98×120cm

정미희
JUNG, MI-HEE

1. 눈꽃 Snow on the branches
2. 단
3. 감침질, 상침
4. 95×95cm

문경자
MOON, KYOUNG-JA

1. 양털 배자 Wool waistcoat
2. 단, 명주실, 양털
3. 홈질, 감침질, 박음질
4. 55×65cm

HWANG, HYUN-SOOK

1. 달빛 정원, 햇빛 정원 Moonlight garden/Sunshine garden
2. 명주, 명주실
3. 박음질 수
4. 30×70cm

황현숙

1. 모시 발 Ramie curtain
2. 모시, 견사
3. 쌈솔, 감침질
4. 30×70cm

LEE, HYE-RYEON

1. 누비 배자 Quilted waistcoat (Korean traditional jacket)
2. 명주, 명주실, 목화솜
3. 박음질, 홈질누비, 감침질, 공구르기
4. 70×100cm

이혜련

1. 누비저고리 Quilted jacket (Korean traditional jacket)
2. 명주(야잠), 명주실, 목화솜
3. 박음질, 누비홈질, 감침질, 공그르기, 연봉매듭
4. 155×40cm

KO, YUN-MI	50
KIM, SHIN-AE	51
MOON, KYOUNG-JA	52
PARK, KYUNG-MI	53
BYUN, YOUNG-SUK	54
LEE, HYE-RYEON	56
LEE, SUN-HEE	57
KO, YUN-MI	58
PARK, KYUNG-MI	60
BYUN, YOUNG-SUK	62
규방 아낙들 공동 작품 / 시나몬 모빌 발	64
규방 아낙들 공동 작품 / 머리 핀, 시나몬 브로치 & 머리 핀	65

PART 3

쓰이다

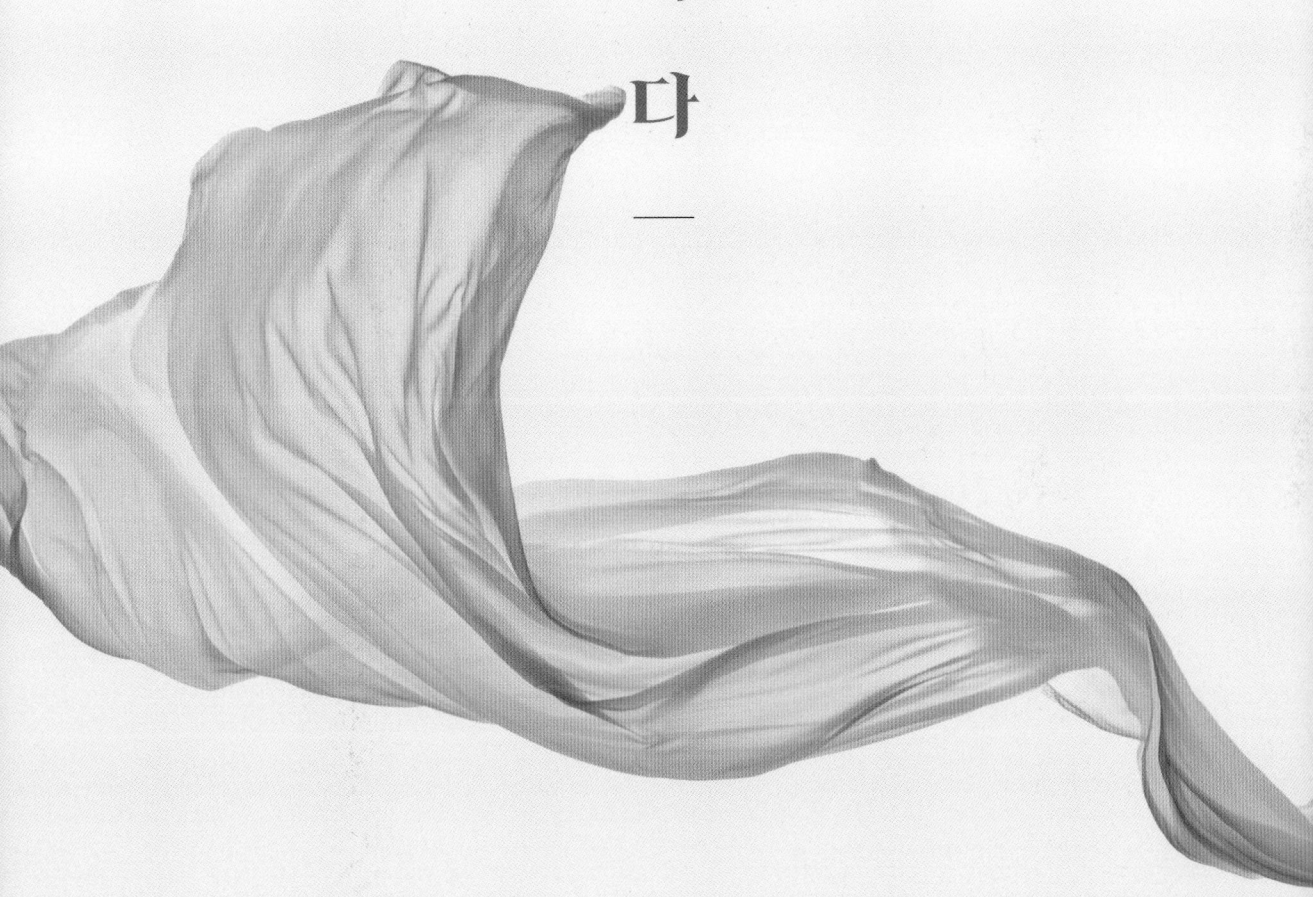

고윤미
KO, YUN-MI

1. 귀갑치기 지갑 Overstitched wallet
2. 무명, 명주실, 광목, 무명
3. 귀갑치기, 박음질
4. 18×9cm

김신애
KIM, SHIN-AE

1. 괴나리봇짐과 짚신 Traveler's knapsack & straw shoes
2. 삼베 (쑥 천연염색), 광목, 면사, 마 끈
3. 감침질, 공그르기, 박음질
4. 43×87cm

문경자
MOON, KYOUNG-JA

1. 모시 방석 Ramie cushion
2. 모시, 면사, 목화 솜
3. 홈질, 감침질, 박음질
4. 60×60cm

박경미
PARK, KYUNG-MI

1. 헤링본 가방 Herringbone bag
2. 헤링본 원단, 면사
3. 감침질, 홈질, 박음질
4. 60×40cm

BYUN, YOUNG-SUK

Triangular / Circular / Rectangular / Square bag

변영숙

7수 캔버스 천. 천연염색 명주. 옥사. 조각보 프린트 천으로. 파내기, 감침질 등 다양한 기법으로 제작하였다.

이혜련
LEE, HYE-RYEON

1. 모란꽃 청주머니 Denim pocket stitched peony blossom
2. 명주, 청지, 명주실, 면실, 가방심지
3. 씨앗수, 박음수, 박음질, 공그르기

이선희
LEE, SUN-HEE

1. 작은 쉼터 A small shelter
2. 데님, 명주, 명주실
3. 감침질, 박음질, 세땀상침
4. 원형 25cm, 러너 17x90cm

KO, YUN-MI

1. 색실첩 Carton boxes of threads
2. 염색광목, 가죽, 크래프트 원단, 옥사, 명주실, 나무, 도침지, 명주
3. 색실누비, 실짜기, 감침질

고윤미

1. 목침 Wooden pillows
2. 명주, 명주실, 옥사, 광목, 목화솜, 나무
3. 11×22×7cm

PARK, KYUNG-MI

박경미

1. 무제 No title
2. 명주, 사, 단, 색동, 노방
3. 감침질, 상침
4. 60×40cm

보자기의 자수, 누비, 조각잇기 등
여러가지 기법을 이용하여 제작한 육골침

BYUN, YOUNG-SUK

1. 뜨개 가방 시리즈 Knitting bag sets
2. 염색 (천연) 명주. 작품 프린트면. 마 끈
3. 마 끈을 코바늘뜨기로 제작하여 명주와 작품 프린트천을 연결하여 완성

변영숙

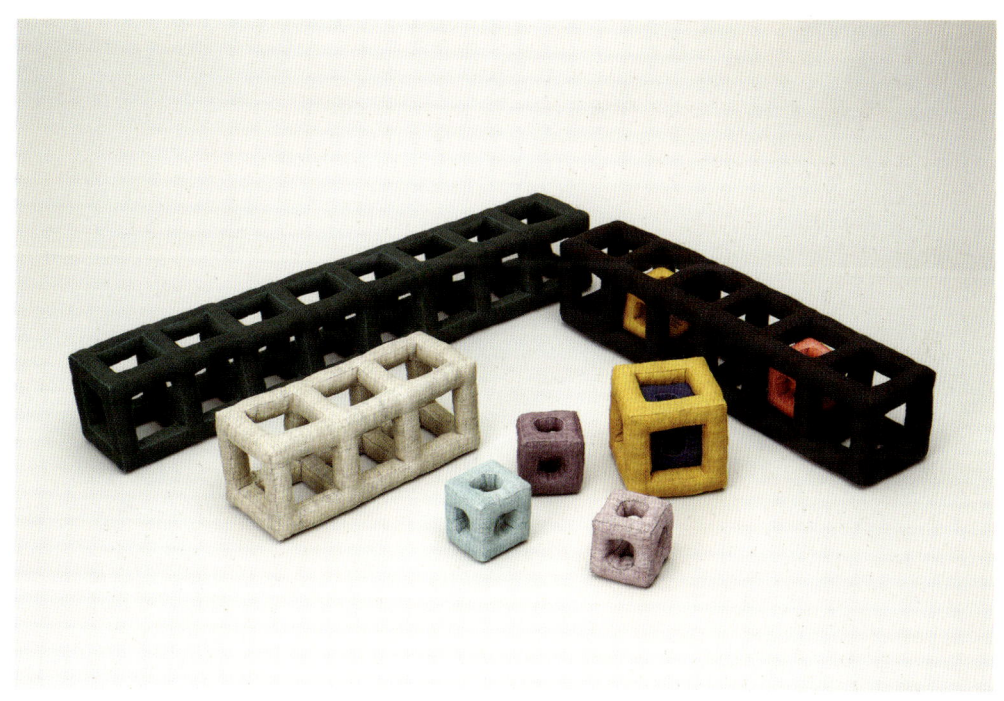

1. 삼베부인, 삼베침, 변형불로침 Hemp wife / hemp pillows
2. 삼베, 솜
3. 감침질
4. 100×15×15cm, 75×15×15cm, 40×15×15cm
5. 저작권 등록번호 - 제C2019-023497호
   (삼베부인, 삼베침, 변형불로침은 한국저작권위원회에 공예저작권이 등록되어 있음)

규방 아낙들 공동 작품

시나몬 모빌 발 Cinnamon mobile

규방 아낙들 공동 작품

머리핀 Hairpin

시나몬 브로치 & 머리 핀
Cinnamon brooch

시나몬 스틱 브로치	68
귀갑치기 지갑 설명서	70
삼각 가방 설명서	72
쌈솔 가리개 설명서	74
삼족오 발 설명서	76
솟대	78
전시 후원	79
참여 작가	80

PART 4

내
손으로
만들다

시나몬 스틱 브로치
cinnamon stick brooch

벼나실 감기

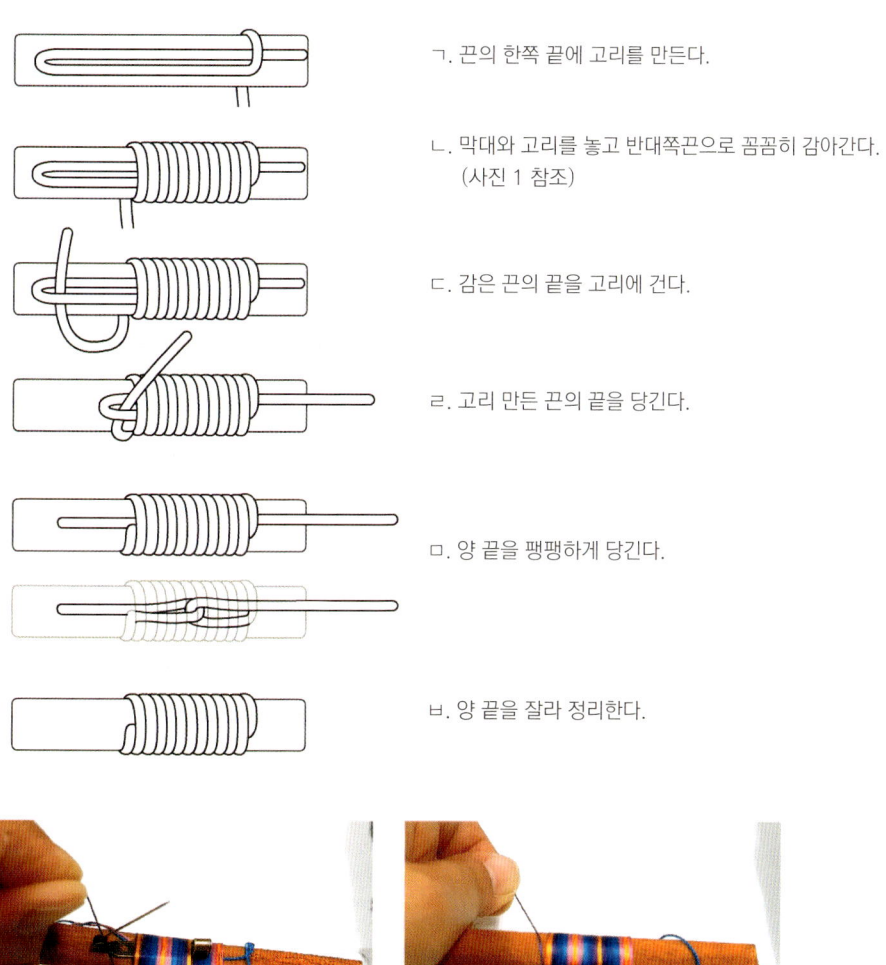

ㄱ. 끈의 한쪽 끝에 고리를 만든다.

ㄴ. 막대와 고리를 놓고 반대쪽끈으로 꼼꼼히 감아간다.
   (사진 1 참조)

ㄷ. 감은 끈의 끝을 고리에 건다.

ㄹ. 고리 만든 끈의 끝을 당긴다.

ㅁ. 양 끝을 팽팽하게 당긴다.

ㅂ. 양 끝을 잘라 정리한다.

(사진 1)   (사진 2)

귀갑치기(사뜨기) 지갑 설명서

* 52 페이지 작품 참조

귀갑치기 지갑 만들기

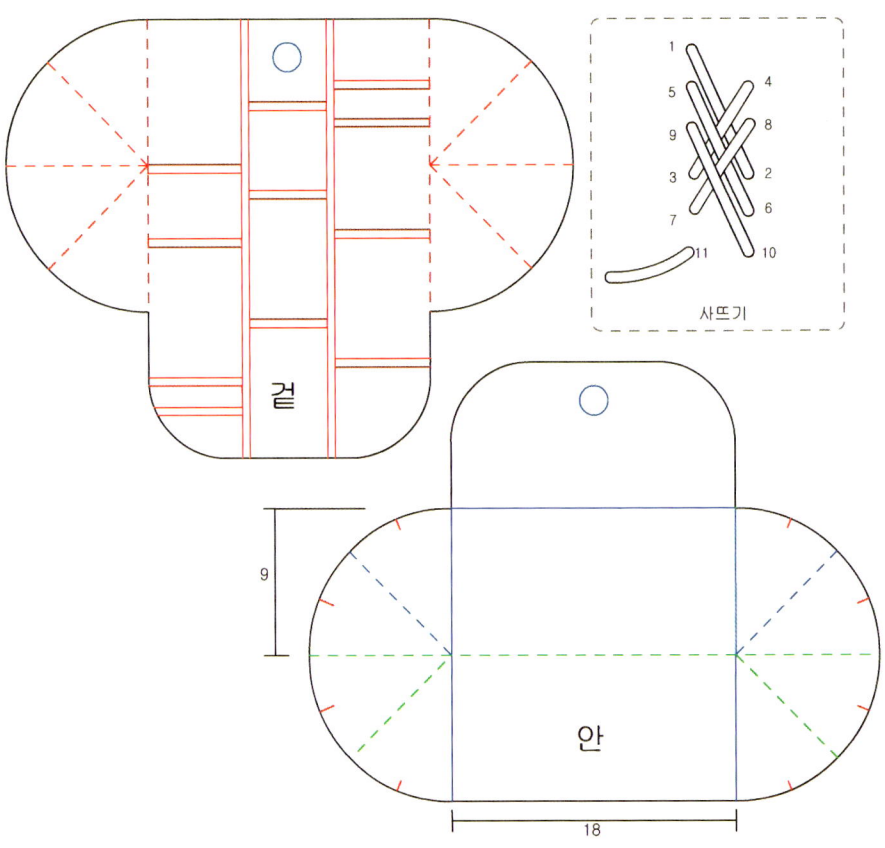

ㄱ. 겉감과 심지를 시침질로 고정한다.

ㄴ. 겉감에 도안의 무늬를 사뜨기로 표현한다.

ㄷ. 겉감과 안감을 시접없이 재단한다.

ㄹ. 바이어스로 테두리를 마감한다.

ㅁ. 준비한 속지 1을 녹색점선을 따라 공그르기로 고정한다.

ㅂ. 준비한 속지 2를 파랑점선을 따라 공그르기로 고정한다.

ㅅ. 스냅 단추를 위치를 잡아 단다.

ㅇ. 안에서 빨간선 부분을 살짝 접어 고정한다.

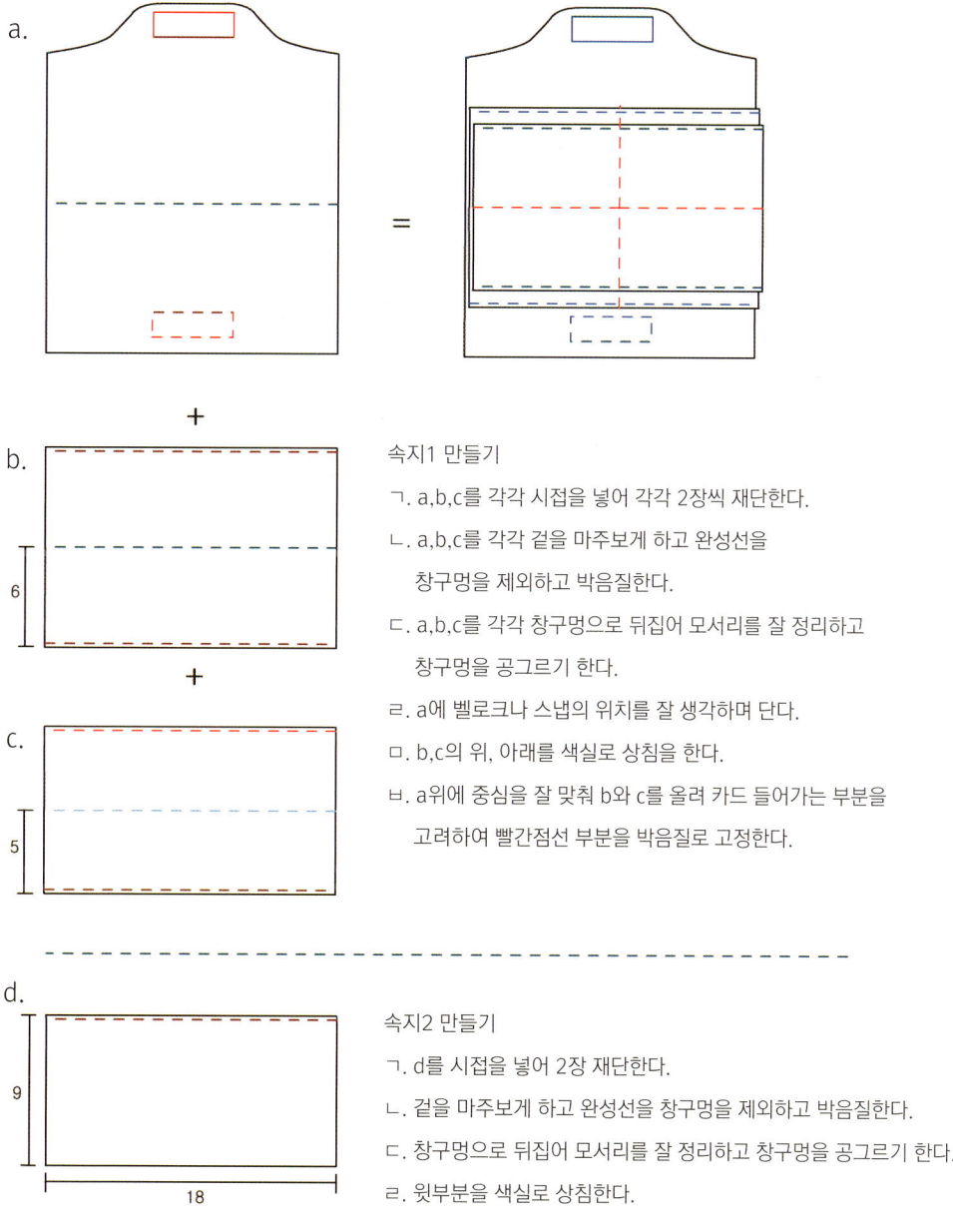

속지1 만들기

ㄱ. a,b,c를 각각 시접을 넣어 각각 2장씩 재단한다.

ㄴ. a,b,c를 각각 겉을 마주보게 하고 완성선을 창구멍을 제외하고 박음질한다.

ㄷ. a,b,c를 각각 창구멍으로 뒤집어 모서리를 잘 정리하고 창구멍을 공그르기 한다.

ㄹ. a에 벨크로나 스냅의 위치를 잘 생각하며 단다.

ㅁ. b,c의 위, 아래를 색실로 상침을 한다.

ㅂ. a위에 중심을 잘 맞춰 b와 c를 올려 카드 들어가는 부분을 고려하여 빨간점선 부분을 박음질로 고정한다.

속지2 만들기

ㄱ. d를 시접을 넣어 2장 재단한다.

ㄴ. 겉을 마주보게 하고 완성선을 창구멍을 제외하고 박음질한다.

ㄷ. 창구멍으로 뒤집어 모서리를 잘 정리하고 창구멍을 공그르기 한다.

ㄹ. 윗부분을 색실로 상침한다.

삼각 가방 설명서

* 57페이지 작품 참조

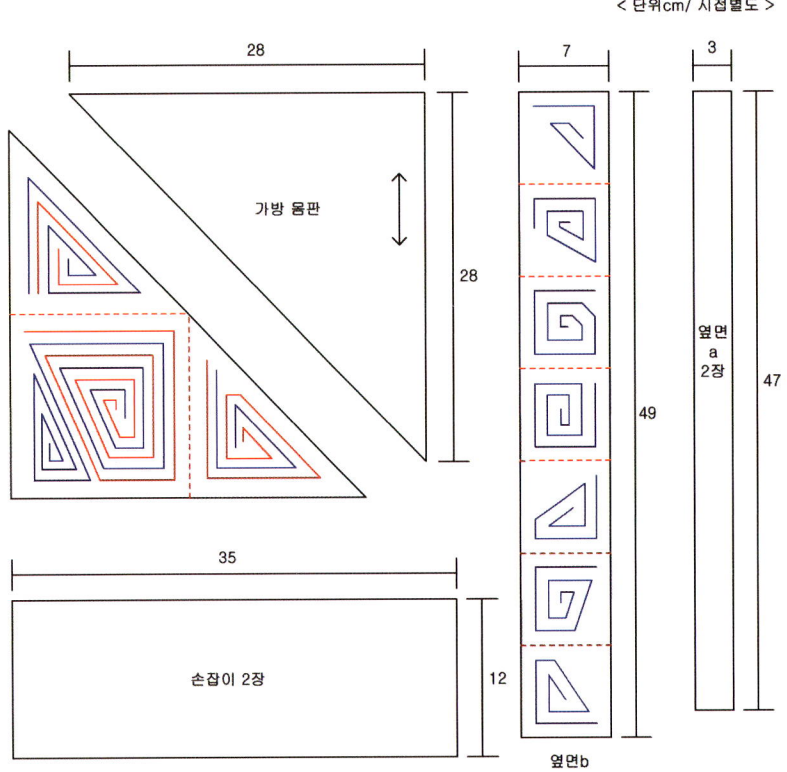

재료 : 7수 캔버스천, 50cm 지퍼, 명주실, 목화솜

만들기
1. 겉감은 그림과 같이 시접을 넣어 재단하고 안감은 몸판 2장과 옆면 b를 시접을 넣어 재단한다.
2. 지퍼 양쪽으로 옆면 a를 박음질로 연결한다.
3. 옆면 b를 겉감과 안감 사이에 솜을 넣고 7등분을 한 빨간선을 따라 박음누비한다.

4. 지퍼를 연결한 옆면 a와 옆면 b를 원형으로 길게 연결한다.
5. 몸판 두장을 각각 겉감과 안감사이에 솜을 넣고 빨간선을 따라 박음누비한다.

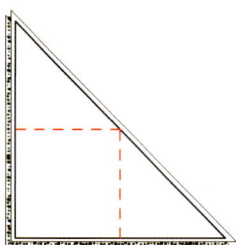

6. 누비한 몸판 두장과 옆면 b의 칸칸에 문양을 그려 감칠질한다.
7. 손잡이는 12cm를 바이어스처럼 접고 감침질한다.

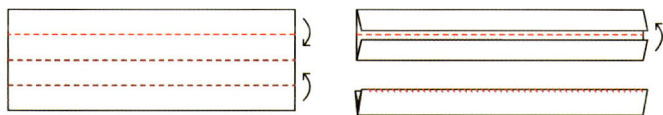

8. 몸판 2장에 사선부분 중심에서 9cm 띄우고 손잡이를 고정한다.
9. 손잡이 고정한 몸판에 길게 원형으로 연결한 옆면을 박음질해서 완성한다.

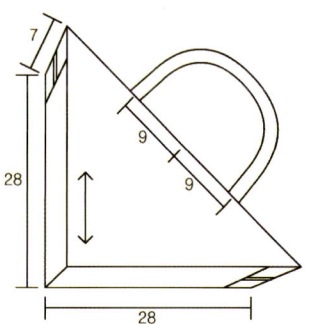

쌈솔 가리개 설명서

* 36페이지 작품 참조

쌈솔발

재료 : 삼베, 모시

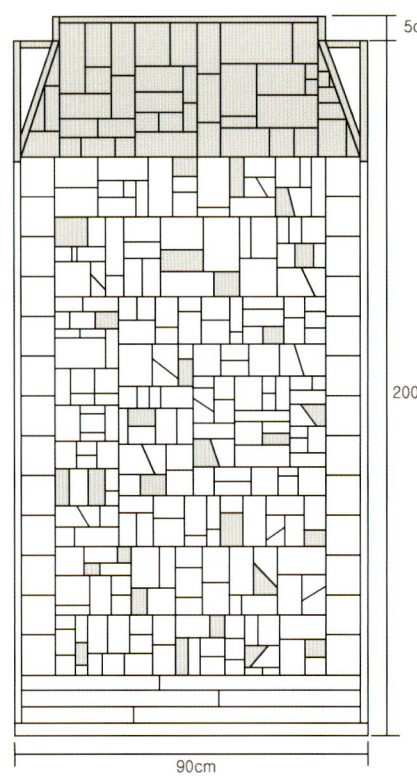

1. 쌈솔발을 만들기 전에 그림으로 먼저 바느질 할 부분을 생각하며 구성한다. 집의 모습으로 연출한다.
2. 먼저 바느질 할 부분이 정해졌으면 쌈솔 바느질 기법으로 조각을 연결한다. 〈쌈솔 바느질 참고〉
3. 모든 조각을 연결한 후 테두리를 2cm씩 두번 접어 감침하여 마감한다.
4. 상단은 5cm 뒤로 접어 봉을 끼울수 있게 공간을 두고 감침으로 고정한다.

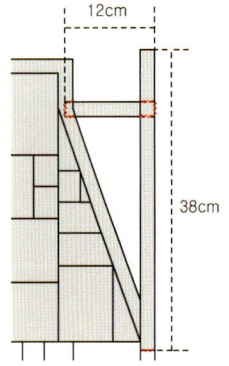

5. 끈은 폭 2cm로 끝을 마무리하여 12cm, 38cm로 각각 2개를 만든다.
6. 쌈솔발의 상단 양끝에 그림처럼 감침질 해서 연결한다.

7. 38cm 끈의 끝을 뒤로 넘겨 봉을 넣을 수 있게 고리를 만들어 감침한다.

쌈솔 바느질 쌈솔이란 시접을 서로 맞물려 고정시켜 밖으로 노출되지 않도록 처리하여
홑겹의 천을 보자기로 사용할 수 있도록 하는 바느질 기법이다.

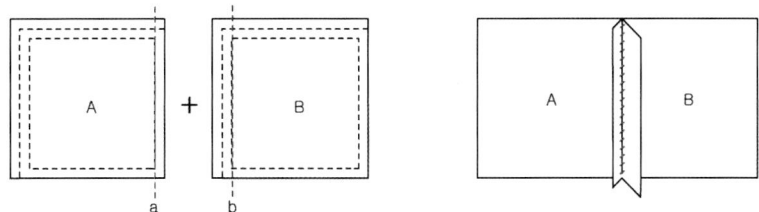

1. 원하는 사이즈대로 재단할 때 왼쪽의 시접과 위쪽 시접을 일반시접의 두배로 재단한다.
   그리고 오른쪽과 아래의 시접은 일반 시접 그대로 한다.

   단〉 발의 가장자리의 시접은 위치에 상관없이 시접의 두배로 재단한다.
   예〉 시접이 5mm일때 왼쪽과 위쪽 시접은 10mm로 오른쪽과 아래의 시접은 5mm로 두고 재단하고
   가장 자리의 시접은 10mm로 재단한다.

2. a,b를 헤라나 송곳질 후 A와 B를 감침질로 연결한다.

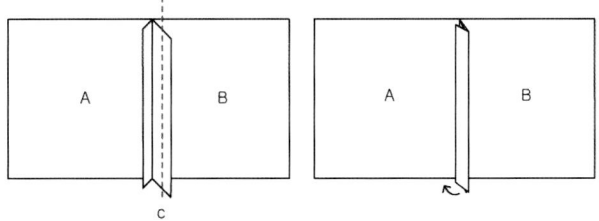

3. B의 시접의 가운데인 c를 송곳질 후 A의 시접을 감싸 A쪽으로 넘긴다.

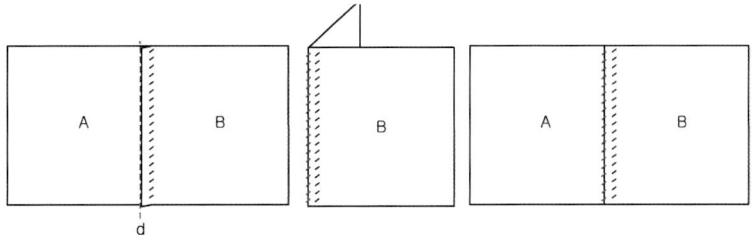

4. A의 d부분을 살짝 접어 감침질 한 후 펴서 다림한다.

삼족오 발 설명서

* 14페이지 작품 참조

재료 : 삼베, 천연염색 옥사

1. 삼베에 삼족오 밑그림을 그린다.
2. 밑그림 뒤쪽에 옥사를 시침한다.

<삼베앞면>　　　　　　　　<삼베뒷면>

3. 밑그림 그린 부분을 음각, 양각을 생각하여 음각부분을 잘라낸다.

4. 잘라낸 부분에 시접을 0.2~0.3cm정도 접어 넣은 후 0.1cm 안쪽으로 온박음질한다.

5. 삼베 몸판에 조각 파내기를 하여 옥사를 대고 쌍솔로 마무리한다.

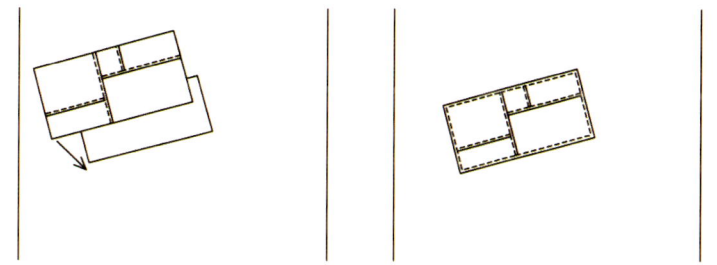

6. 옆선과 위, 아래는 시접을 두 번 접어 감침질로 마무리한다.

전시 후원

규방공예, 매듭, 생활자수, 생활소품 등
수공예품 판매와 교육으로 세상과 소통하는
창작자들의 협동조합

상품구입, 주문제작, 수강문의, 공예재료판매

010-8654-9498 , 031-385-0127
www.haninhan.modoo.at
instagram.com/sjm_coop
경기도 안양시 동안구 평촌대로 127번길 69 1층

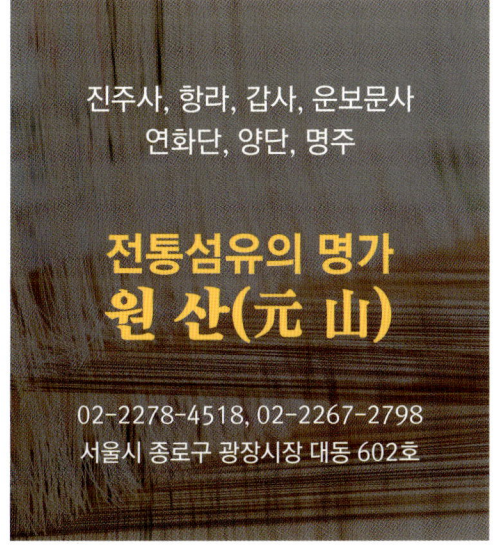

진주사, 항라, 갑사, 운보문사
연화단, 양단, 명주

전통섬유의 명가
원 산(元 山)

02-2278-4518, 02-2267-2798
서울시 종로구 광장시장 대동 602호

모시, 무명, 삼베, 명주, 옥사,
춘포, 광목, 목화솜

태 림 상 회

02-2278-9577, 02-2267-6378
서울시 종로구 종로 194-2
(광장시장 북1문 입구)

participation of the artist
참여 작가

고윤미
Ko Yun Mi

· 대한민국미술대전(國展) 및 각종 공예대전 다수 수상
· 생활의정성을만나다 협동조합 대표

김미혜
Kim Mi Hye

· 규방 아낙들 1, 2회 전시 참가

김신애
Kim Shin Ae

· 규방 아낙들 1, 2회 전시 참가

문경자
Moon Kyoung Ja

· 규방 아낙들 1, 2회 전시 참가

박경미
Park Kyung Mi

· 대한민국미술대전(國展) 및 전승공예대전 외 다수 수상
· 규방 공예 강의

변영숙
Byun Young Suk

· 대한민국미술대전(國展) 1차 심사위원 및 각종 공예대전 다수 수상
· 신안산대학교 모던 규방 강의

이선희
Lee Sun Hee

· 규방 아낙들 1, 2회 전시 참가

이영숙
Lee Young Sook

· 규방 아낙들 1, 2회 전시 참가

이혜련
Lee Hye Ryeon

· 대한민국미술대전(國展) 수상
· 한옥박물관 바느질 강의

정미희
Jung Mi Hee

· 전국 규방 공예 공모전 수상
· 실한가닥愛 공방 대표

황현숙
Hwang Hyun Sook

· 대한민국미술대전(國展) 수상
· 규방 아낙들 1, 2회 전시 참가